FACULTE DE DROIT DE PARIS.

THÈSE
POUR LA LICENCE.

L'acte public sur les matières ci-après sera soutenu

le mercredi 7 décembre 1859, à deux heures,

Par ALEXANDRE-ARTHUR BOULA DE MAREUIL,

Né à Paris.

Président : M. ROYER-COLLARD, Professeur.

SUFFRAGANTS :
MM. BUGNET,
BONNIER,
COLMET-DAAGE,   Professeurs.
LABBÉ,   Agrégé.

Le Candidat répondra en outre aux questions qui lui seront faites sur les autres matières de l'enseignement.

PARIS,
CHARLES DE MOURGUES FRÈRES, SUCCESSEURS DE VINCHON,
Imprimeurs de la Faculté de Droit,
RUE J.-J. ROUSSEAU, N° 8.

1859

A MON PÈRE,

Son élève reconnaissant.

JUS ROMANUM.

CAPUT PRIMUM.

DE PUBLICIANA IN REM ACTIONE.

(D. VI, 2.)

Publiciana actio, à Publicio prætore dicta, fictitia actio est, in qua actor dicit se quasi usucepisse quod usu non cepit. Nam si cui, ex justa causa, res aliqua tradita fuerit, necdum ejus rei dominus effectus est, quia ejus rei casu possessionem amisit, nullam habet directam ni rem actionem, ad eam rem persequendam; sed quia iniquum erat eo casu deesse actionem, inventa est à prætore actio, ad exemplum vindicationis. Hæc sunt verba edicti : « Si quis id quod traditur ex justa causa non à domino et nondum usucaptum petet, judicium dabo. »

Breviter exponamus : 1° Quæ conditiones requirantur ut publiciana uti liceat;

2° Quibus et in quos competat publiciana;

3° Quinam sint ejus effectus.

§ I. — *Quænam requiruntur conditiones ut publiciana uti liceat.*

Generaliter ei publiciana uti licet qui in causa usucapiendi reperitur, id est, in quem concurrunt omnes usucapionis conditiones, omisso tantum temporis spatio :

1° Ut res tradita sit ;
2° Ut traditio facta fuerit ex justa causa.
3° Adsit bona fides ;
4° Res usucapionem recipiat.

I. Ut res tradita sit, id est, ut petitor momento saltem possessionem habuerit et eam amiserit. (L. 12, § 7.)

Possidere autem videtur quisque, non solum si ipse possideat, sed etsi ejus nomine aliquis in possessione sit, licet is ejus juri subjectus non sit, qualis est colonus et inquilinus; per eos quoque apud quos deposuerit quis, aut quibus commodaverit, ipse possidere videtur; et hoc est quod dicitur retinere possessionem posse aliquem, per quamlibet qui ejus nomine sit in possessione. Quin etiam animo quoque solo retinere posse possessionem placet, id est, ut quamvis neque ipse sit in possessione, neque ejus nomine alius, tamen si non derelinquendæ possessionis animo, sed postea reversurus inde discesserit, retinere possessionem videtur. At possessio duobus acquiritur : animo scilicet et corpore.

Cæterum si ego emi, et mea voluntate alii tradita sit res, publiciana danda est; sufficit etiam quod res pro tradita habeatur; hinc si quis rem apud se depositam, vel sibi commodatam emerit, vel pignori sibi datam, pro tradita erit accipienda, si, post emptionem, apud eum remansit; sed etsi præcessit traditio emptionem, idem erit decendum.

Item si hereditatem emero, et traditam rem hereditariam petere velim, competit publiciana.

Si plures ab eodem non domino emerint bona fide, potior est cui priori res tradita est; quod si a diversis non dominis, melior est causa possidentis.

Quantum ad usumfructum, itemque servitutes prædiorum urbanorum et rusticorum, patientia pro traditione habetur.

Interdum quibusdam nec ex justis possessionibus competit publicianum judicium; namque pignoratitiæ et precariæ possessiones justæ sunt, sed ex his non competit publiciana ; illa scilicet ratione quod neque creditor, neque is qui precario rogavit, aut pignori accepit, eo animo nanciscitur possessionem ut credat se dominum esse.

II. Ut traditio facta fuerit ex justa causa, id est, ex qua demonstretur animus ab altero ad alterum tranferendi dominium : ut puta, si cui, dotis nomine, tradita res est nec dum usucapta; est enim dos justissima causa, sive æstimata res in dotem date sit sive non ; item si res solvendi causa sit tradita , vel ex causa noxæ deditionis; si servum ex causa noxali, quia non defendebatur, jussu prætoris duxero, et amisero possessionem, competit etiam publiciana ; sed etsi res adjudicata sit ; etiam si quis ex lucrativis causis rem acceperit : est enim justus possessor qui liberalitatem accepit, item si permutatio facta sit.

Quas omnes regulas in una complectitur Gaius, his verbis : Quæcumque sunt justæ causæ acquirendarum rerum, si ex his causis nacti res amiserimus, dabitur nobis earum rerum persequendarum gratia, hæc actio.

III. Ut adsit bona fides, id est noxæ acquisitionis ignoratio. At bona fides initio tantum possessionis requiritur; nam mala fides superveniens usucapionem non impedit; attamen in emptione venditione, bona fides requiritur non modo possessionis initio, sed etiam ipso emptionis tempore. Non omnis emptio proderit, sed ea quæ bonam fidem habet.

Ut igitur publiciana competat hæc debent concurrere : ut res bona fide quis emerit, etsi res empta eo nomine sit tradita.

Cæterum in hac actione non oberit mihi si successor sum et dolo feci, quum is in cujus locum successi bona fide emisset; sed si servus meus emerit, dolus ejus erit spectandus non meus, vel contra.

Qui a pupillo emit, probare debet, tutore auctore, lege non prohibente, se emisse; sed etsi deceptus falso tutore auctore emerit, bona fide emisse videtur.

IV. Ut res usucapionem recipiat. Hæc actio in his quæ usucapi non possunt, puta furtivis vel in servo fugitivo locum non habet. Item si res talis sit ut lex aut constitutio eam alienari prohibeat, quia neminem prætor tuetur contra leges. His addenda sunt ea quæ vi possessa fuerint, vel ea quæ in fisci potestate erant. « Res enim nostri fisci usucapi non potest. »

§ II. — *Quibus competat publiciana.*

Publiciana competit ei qui rem habet *in bonis*, id est, qui rem mancipi a domino quidem, sed nuda tantum traditione accepit, omissa mancipatione vel in jure cessione : quo casu qui rem tradidit adhuc dominus est ex jure quiritium, ideoque solus vidicatione uti potest; at is qui accepit, publiciana uti potest.

Competit etiam ei qui a non domino bona fide et ex justa causa rem accepit, ut patet ex edicto prætoris. — Quum, imperante Justiniano, omne discrimen inter res mancipi et nec mancipi removeatur, in hoc tantum casu servatur publiciana actio.

In vectigalibus et in aliis prædiis quæ usucapi non possunt publiciana competit, si forte bona fide tradita sunt; idem est si superficiariam insulam a non domino bona fide emero. Hæc actio hæredi et honorariis successoribus competit; sed defuncti heredes ejus possessionem tantum continuant, eodem possident titulo, ita ut publicianam sint habituri, dummodo auctor habuerit, et etiamsi mala essent fide; contra vero etiamsi bona fide ipsi essent, nullo modo publicianam adhibere possent, si auctor, initio possessionis suæ, mala fide fuisset; hinc hæres furis hanc actionem non habet, quia vitiorum defuncti successor est.

Adversus autem quemlibet possessorem publiciana conceditur; et etiam adversus dominum ipsum, in quibusdam casibus; scilicet :

1° Si res mancipi a domino tradita fuerit absque mancipationis, aut in jure cessionis, solemnitatibus;

2° Si res tradita fuerit a non domino et dominus hæres factus fuerit illius qui rem vendidit; aut ille qui vendidit hæres domini; in utroque casu *justi domini* exceptio, ad nihilum redigetur replicatione *rei traditæ* et *venditæ*.

Præter hos casus, publiciana non valet adversus dominum; etenim idcirco parata est hæc actio, non ut res domino auferatur, sed ut is qui bona fide emit, possessionemque ejus, ex ea causa nactus est, potius rem habeat.

§ III. — *Quæ in hac actione contineantur.*

Et primum quælibet res hac actione peti potest. Utrum autem pro re integra, an pro parte tantum, quis agere velit nil interest. In hac actione observanda sunt quæcumque in actione civili in rem, circa dolum, vel culpæ præstationem, vel moram, vel fructuum causarumque omnium restitutionem. Uno verbo : publiciana actio ad instar proprietatis, non ad instar possessionis respicit; in eaque omnia eadem obtinebis quæ in rei vindicatione; hinc diruta domo quam a non domino bona fide emeram, licebit publiciana petere materiam. Item dicendum de eo quod per alluvionem fundo accedit. Etiam si statuæ emptæ partes recisæ petantur, similem actionem proficere; insuper si aream emero et insulam in ea ædificavero, rectè utar publiciana; denique si insulam emi et ad aream ea pervenit, æque potero uti publiciana.

CAPUT SECUNDUM.

DE AQUA ET AQUÆ PLUVIÆ ARCENDÆ.

(D. 39, 3.)

Aqua pluvia dicitur quæ de cœlo cadit atque imbre excrescit, sive per se hæc aqua noceat, sive cum alia mixta sit. Quantum ad actionem aquæ pluviæ arcendæ videamus :

1° Quando locum habeat;
2° Quibus et in quos detur;
3° Cujus sit generis et quinam ejus effectus.

§ 1. — Toties locum habet aquæ pluviæ arcendæ actio, quoties manufacto opere, aqua aliter fluit quam ex natura soleret, et affert damnum quod ante non faciebat; nunquam autem competere actionem quum ipsius natura loci noceat, in hoc enim casu, non aqua sed natura loci nocet. Insuper sciendum est hanc actionem non alias locum habere quam si aqua pluvia agro noceat, non autem si ædificio vel oppido noceat.

Denique actio aquæ pluviæ arcendæ locum habet, si aqu u-via noceat, non si non prosit quum prodesse consuerit. Hæc actio etiam in vectigalibus agris locum habet. Cessat autem si opus fiat agri colendi causâ, sive fiat aratro, sive alio modo, si ager aliter coli non poterat. Item cessat si vicinus tenetur recipere aquam de fundo vicini, vel propter servitutem impositam, vel propter præscriptum; etenim, in servitutibus hoc servatur, ut ubi servitus non invenitur imposita, qui diu usus est servitute, neque *vi,* neque *clam,* neque *precario,* habuisse longa consuetudine velut ex jure impositam servitutem habeatur. In summa tria sunt per quæ inferior locus superiori servit : lex, id est pactum ; natura loci ; vetustas quæ semper pro lege habetur.

§ 2. — Actio aquæ pluviæ arcendæ utrique domino competit, vel superiori adversus inferiorem, ne aqua quæ per naturam fluat, opere facto inhibeat per suum agrum decurrere. Et inferiori adversus superiorem, ne aliter aquam mittat quam fluere natura solet.

Actio directa non datur nisi dominis et adversus dominos; attamen si colonus, ignorante domino, opus fecerit, dominus non tenetur nisi ut præstet patientiam quæ fit in tollendo opere et ad emendandum damnum si quod ex hoc opere contingit; item si procurator, domino ignorante, tale opus fecerit in fundo, ut aqua pluvia noceat vicino.

Quum ex plurium fundo decurrens aqua noceat, aut plurium fundo noceatur, placuit ut sive plurium fundus sit, singuli in partem experiantur et condemnatio in partem fiat; sive cum pluribus agatur, singuli in partem conveniantur et in partem fiat condemnatio. Fructuario et in fructuarium non competit directa actio, quod si ex opere a domino facto incommodum aliquod patitur fructuarius, utilis tantum actio ei commodatur. Sed et si fructuarius opus fecerit per quod aqua pluvia alicui noceat, erit actio directa cum domino proprietatis et etiam utilis in fructuarium.

CAPUT TERTIUM.

(D. 43, 19 à 23.)

Hic agitur de quibusdum interdictis quæ ad servitutes prædiorum pertinent. Namque prætor interdictis aut jubet aliquid fueri, aut fieri prohibet; maxime quum de possessione aut quasi-possessione contendebatur. Summa autem divisio interdictorum hæc est, quod aut *prohibitoria* sunt, aut *restituoria*, aut *exhibitoria*.

De itinere actuque privato.

Sub hoc titulo duo sunt interdicta prohibitoria : prius pertinet ad retinendam quasi-possessionem itineris, actus, viæ privatæ, ab eo qui *hoc anno* usus est; posterius pertinet ad reficiendum iter, actumve, quo hoc anno usus est. Annum in die interdicti retrorsum computare debemus, id est, ad præsens tempus non referetur usus, et in eo tantum distat ab interdicto *uti possidetis*, quod non refertur in præsens tempus, ut qui nunc utitur itinere vel actu, ita utatur; sed in annum præteritum, uti hoc anno usus est.

De aqua quotidiana et æstiva.

In hoc titulo tractatur de solo aquæ ductus jure. Duo sunt aquarum genera : quotidiana et æstiva ; Quotidiana est quæ semper duci solet, æstivo vel hiberno tempore; Æstiva autem ea qua æstate sola uti expedit ; ex quibus duo sunt a prætore interdicta proposita. Tertium adhuc addendum est de aqua quæ ex castello id est, dividiculo aquarum publico ducitur permissu principis. Primum his verbis proponitur : « Uti hoc anno aquam qua de agitur non vi, non clam, non precario ab illo duxisti, quo minus ita ducas, vim fieri veto. » Quod autem scriptum est interdicto uti hoc anno aquam duxisti, hoc est non quotidie sed vel una die anni vel nocte sufficit. Hoc interdictum competit ei qui ducebat aquam ex capite aquæ: caput autem aquæ dicitur locus unde nascitur aqua et competit illi qui jure servitutis ista aquæ ductione utebatur, sive habeat servitutem ad hoc sive non, sed credebat se habere.

Nihil interest utrum duxerit aquam quis, causa sui et familiæ suæ sive causa irrigandi agros ; denique datur interdictum adversus quemlibet qui aquam duci prohibet, sive sit dominus ipse, sive alius, et ad successorem transit. Deinde ait prætor : uti priore æstate aquam qua de agitur nec vi, nec clam, nec precario ab illo duxsti, quominus ita ducas vim fieri veto. Quod interdictum a præcedente distat his verbis : « uti priore æstate » pro illis : « uti hoc anno » nec immerito; nam quia hieme uti non potest referre se non ad præsentem æstatem, sed ad priorem debuit.

Sequitur tertium interdictum. Quo ex castello illi aquam ducere ab eo cui ejus rei jus fuit permissum est, quominus ita uti permissum est, ducat, vim fieri veto.

Idque a principe conceditur : alii nulli competit jus aquæ dandæ, et datur interdum prædiis, interdum personis; quod prædiis datur, extincta persona non extinguitur, quod datur personis cum ea extinguitur.

DE RIVIS.

Rivus est locus per longitudinem depressus per quem aqua decurrit. Prætor ait : rivos, specus, septa reficere, purgare, aquæ ducendæ causa quo minus liceat illi, dum ne aliter aquam ducat quam uti priore æstate, non vi, non clam, non precario a te duxit, vim fieri veto. De rivis reficiendis ita interdicitur : ut non quæratur an aquam ducere actori liceat, sicut observatur in interdicto de itinere reficiendo, quia non refectis rivis, omnis usus aquæ auferretur et homines siti morerentur.

Iisdem autem personis et in easdem interdictum hoc datur quibus et in quas de aqua interdictum.

DE FONTE.

Hic proponuntur duo interdicta : prius ut fonte uti liceat; alterum ut reficere. Prius locum habet, si quis prohibeatur haurire, sive ad aquam pecus appellere. Alterum eamdem habet utilitatem quam de rivis reficiendis. Sed et de lacu, puteo, piscina, interdictum competit.

DE CLOACIS.

Cloaca est locus cavus per quem colluvies quædam fluat. Sub hoc titulo duo interdicta prætor subjecit : unum de cloacis privatis quod est prohibitorium; alterum, de cloacis publicis, quod est restitutorium. Cloacarum autem refectio ad publicam utilitatem spectat.

QUÆSTIONES.

I. Ei qui nunquam possedit publiciana non competit.

II. An necesse sit ut pretium solutum fuerit ut publiciana experiri liceat? Distinctione opus est.

III. Si a furioso, ignorans eum furere, bona fi de emero, an publiciana competat?

IV. Non inter se pugnant l. 9, § 5 et l. 12, § 2.

V. Domino et in dominum ex jure quiritium publiciana datur.

DROIT FRANÇAIS.

DE LA PROPRIÉTÉ.

La propriété est le droit le plus absolu qu'une personne puisse avoir sur une chose, et cependant le propriétaire doit céder aux exigences de l'intérêt privé et de l'intérêt général; l'intérêt privé peut restreindre son droit; l'intérêt général peut lui en demander le sacrifice.

Nous avons à traiter :
Des restrictions imposées par la loi au droit de propriété ;
De l'expropriation pour cause de l'utilité publique;
(Lois du 3 mai 1841, du 31 mars 1831 et 21 mai 1836.)

PREMIÈRE PARTIE.

DES RESTRICTIONS IMPOSÉES PAR LA LOI AU DROIT DE PROPRIÉTÉ.

Les articles du Code qui régissent ces matières se trouvent au titre des servitudes ou services fonciers.

Cependant, des charges qui grèvent tous les fonds, en certaines circonstances déterminées, ne sont pas des servitudes, mais plutôt les conditions imposées par la loi à la propriété en France; il n'y a de véritables servitudes que celles qui naissent du fait de l'homme. Ainsi l'entend la pratique, en interprétant la clause, que tel héritage est franc de servitudes.

La division en servitudes légales et servitudes dérivant de la situation des lieux est aussi justement critiquée ; car ces diverses modifications sont apportées au droit de propriété par la loi, et elles ont pour cause la situation des lieux. Toutefois, nous emploierons, pour plus de clarté, les expressions du Code.

La servitude est une charge imposée à un fonds en faveur d'un autre fonds, ce qui suppose nécessairement deux héritages, l'un, en faveur duquel est établie la servitude, fonds dominant; l'autre, qui la subit, fonds servant; le propriétaire du fonds dominant doit exécuter tous les travaux que nécessite la jouissance de ses droits; en tant que charge, la servitude ne consiste qu'à souffrir.

Il est des servitudes établies dans un but direct d'intérêt général; elles sont nombreuses; l'art. 650 mentionne celles relatives aux chemins de halage et aux constructions et réparations de chemins vicinaux.

CHAPITRE Ier.

Des eaux.

Le législateur ne fait, dans l'art. 640, que consacrer l'œuvre de la nature. Cet article ne s'applique ni aux sources artificielles ni aux eaux ménagères ou d'égout.

Le propriétaire du fonds supérieur ne peut, par son fait, aggraver la servitude; cependant, l'intérêt de l'agriculture, suivant une coutume constante empruntée au droit romain, avait fait admettre qu'il pouvait pratiquer des rigoles destinées à faciliter l'écoulement des eaux stagnantes; la loi du 31 avril-1er mai 1849 consacra cet usage.

§ 1ᵉʳ. — *Des eaux à l'état de source.*

La source, conformément aux principes généraux, appartient au propriétaire du terrain sur lequel elle surgit; il peut en user à sa volonté, sauf les droits que les propriétaires voisins pourraient avoir acquis par titre ou par prescription. Le titre désigne une cession volontaire; la prescription s'accomplit par trente années de possession; mais quel en sera le point de départ? Il faut, pour que la possession utile commence, que le propriétaire du fonds inférieur ait terminé des ouvrages apparents, soit, croyons-nous, sur son propre fonds, soit sur le fonds du propriétaire de la source, qui pourra interrompre la prescription, soit en suspendant le cours de l'eau, soit en assignant la partie pour ouïr dire que les ouvrages élevés ne peuvent servir de base à la prescription.

Le propriétaire d'une source qui fournit aux habitants d'une commune, village ou hameau, l'eau qui leur est nécessaire, ne peut en changer le cours; mais il peut réclamer une indemnité basée sur le préjudice qu'il éprouve, à moins, dit la loi, que les habitants n'aient acquis ou prescrit l'usage de l'eau. La prescription dont il s'agit ici est une prescription à l'effet de se libérer de l'obligation de payer l'indemnité, le droit d'user de l'eau étant accordé aux habitants par la loi même.

§ II. — *Des cours d'eau.*

L'eau courante borde ou traverse un héritage. Dans le premier cas, la loi avait deux intérêts opposés à protéger; dans le second elle devait sauvegarder les droits des propriétaires des fonds inférieurs. L'héritage est-il seulement bordé par l'eau, le riverain ne peut s'en servir qu'à son passage, tandis que s'il est traversé, le propriétaire peut diriger l'eau à son gré, pourvu qu'à la sortie elle soit rendue à son lit naturel. Les lois du 29 avril 1845, du 11 juillet 1847 et des 10-15 juin 1854, ont modifié cet état de choses dans l'intérêt de l'agriculture. La loi sur les irrigations des 29 avril, 1er mai 1845, ne touche point aux principes du code ; mais si le fonds qui a droit à l'eau, par sa position, est trop élevé, s'il n'est baigné que sur une petite étendue, elle donne le droit de faire pratiquer, sur les fonds voisins, des canaux qui apportent l'eau.

Le propriétaire d'un puits artésien ou d'une source pourra arroser ses fonds séparés en faisant passer l'eau sur les propriétés voisines. Le propriétaire d'un terrain submergé pourra aussi faire écouler les eaux stagnantes.

La loi du 11 juillet 1847 donne à chacun des riverains le droit d'établir un barrage sur le fonds opposé. Enfin, la loi du 10 juin 1854, véritable code de drainage, étend aux terrains humides et drainés les dispositions de l'art. 3 de la loi de 1845, déclare les juges de paix compétents en premier ressort, autorise la réunion des divers propriétaires en syndicat. Il peut alors y avoir lieu à expropriation pour cause d'utilité publique.

CHAPITRE II.

Du bornage et du droit de clôture.

Le bornage consiste à marquer par des signes visibles et permanents la limite des propriétés contiguës.

Le droit de bornage est d'intérêt public, aussi est-il imprescriptible ; il appartient à l'usufruitier et à l'usager.

Il est un attribut du droit de propriété. Le législateur, en le plaçant ici, a voulu lui imprimer un caractère de réalité ; aussi l'action du bornage doit-elle être intentée devant le tribunal civil de l'arrondissement où sont situés les immeubles. (Loi des 16-24 août 1790, art. 3.) La loi du 28 mai 1838, sur les justices de paix, ait entrer ces actions dans leur compétence toutes les fois que la propriété ou les titres qui l'établissent ne sont pas contestés.

L'opération de borner se fait à frais communs; les propriétaires y trouvent des avantages égaux, quelle que soit l'étendue de leurs héritages. Les débris de verres ou les pierres hétérogènes enfouis sous la borne, pour constater son identité, sont appelés témoins.

Le droit de clôture n'est que la conséquence du droit de propriété et ne ressemble en rien à une servitude; mais d'anciens usages abolis pour la plupart, tels que les droits seigneuriaux de chasse, ou bien existant encore dans certaines localités, sous le nom de parcours ou de vaine pâture, semblaient y mettre obstacle en établissant une sorte de servitude.

Le droit de vaine pâture n'empêche la clôture que lorsqu'il est fondé sur un titre.

Encore ce droit est-il essentiellement rachetable à dire d'experts. (Section IV de la loi du 28 septembre-6 octobre 1791, concernant les biens et usages ruraux et la police rurale.)

L'art. 663 parle d'une clôture forcée, c'est-à-dire de l'obligation pour le propriétaire de biens situés dans les villes et faubourgs de clore son héritage.

CHAPITRE III.

De la mitoyenneté.

La mitoyenneté est une espèce de communauté résultant de la contiguïté et de l'état des héritages. Elle est née du droit coutumier; car, à Rome, l'habitation de la famille, *insula*, était entourée par l'*ambitus*, espace vague qui la séparait des autres.

La loi traite la mitoyenneté avec faveur. En effet, elle vient au secours de l'agriculture, permettant de clore son champ à peu de frais, sans perdre autant de terrain. De là vient que le propriétaire joignant un mur peut le rendre mitoyen à toute époque, et que des présomptions spéciales indiquent l'existence de ce droit.

§ Ier. — *Des choses susceptibles de mitoyenneté.*

La rubrique de notre section ne parle que du mur et du fossé mitoyens; cependant, la mitoyenneté s'applique encore aux haies, ainsi qu'à certaines parties des maisons possédées par étages par des propriétaires différents.

§ II. — *Comment on acquiert la mitoyenneté.*

Le voisin joignant un mur peut le rendre mitoyen en tout ou partie de sa hauteur ou de sa largeur, en payant une juste et préalable indemnité, égale à la moitié de la valeur actuelle de tout ou partie de mur, ainsi qu'à la moitié de la valeur du tout ou de la partie du terrain rendue mitoyenne.

Le propriétaire d'un mur mitoyen qui n'a pas contribué à son exhaussement peut encore rendre ce nouvel œuvre mitoyen, en payant, non plus la moitié de sa valeur actuelle, mais la moitié de la dépense; car la loi le soupçonne d'un calcul intéressé. Aussi, nous semble-t-il que la règle de l'art. 660 ne serait pas applicable, si le propriétaire acquérait l'exhaussement longtemps après sa construction.

§ III. — *Des charges de mitoyenneté.*

La mitoyenneté emporte, pour chacun des co-propriétaires, l'obligation d'entretenir à frais communs, proportionnellement à l'étendue de son droit, la chose mitoyenne; mais il peut se soustraire à cette obligation, en abandonnant son droit : c'est la règle commune en matière de servitudes.

Cependant cette faculté n'existe plus :

1° Lorsque le mur qu'il s'agit de réparer supporte une construction appartenant au propriétaire qui veut abandonner;

2° Quand la réparation a été nécessitée par son fait;

3° Dans le cas, croyons-nous, où la clôture est forcée; car, alors, l'obligation de se clore est une mesure nécessitée par l'intérêt général, à laquelle on ne peut se soustraire.

L'art. 664 règle, à défaut de conventions, les rapports des propriétaires d'une maison partagée par étages. Il est à remarquer que la disposition du troisième alinéa relative aux escaliers, est peu conforme à l'équité.

§ IV. — *Des droits que confère la mitoyenneté.*

Ces droits sont plus ou moins étendus, suivant la nature des travaux que le propriétaire veut exécuter sur ou contre le mur mitoyen.

Quelques auteurs divisent ces travaux en trois classes :

1° Travaux que chacun des propriétaires peut faire à l'insu de l'autre (657 à 660);

2° Travaux que chacun des propriétaires ne peut faire sans le consentement de l'autre, ou, sur son refus, qu'après règlement d'experts (art. 662), ainsi que tous ceux qui ne sont pas rangés dans la première classe;

3° Travaux pour lesquels le consentement mutuel est nécessaire (art. 675).

Pour nous, nous croyons qu'il y a contradiction entre les art. 657 et 662, et que la véritable règle à suivre est dans ce dernier.

En conséquence, deux classes de travaux : dans la première, nous comprenons ceux énumérés dans les art. 657 à 662; il faut, pour les entreprendre, ou le consentement du voisin ou bien un règlement d'experts; dans la seconde, ceux de l'art. 675, pour lesquels il faut un consentement mutuel.

§ V. — *Des preuves et signes de la mitoyenneté.*

Les preuves de la mitoyenneté sont spéciales : c'est une conséquence de la faveur avec laquelle l'envisage la loi. Sont réputés mitoyens, les murs sur lesquels reposent deux bâtiments, jusqu'à l'héberge ; les murs qui séparent deux terrains enclos, soit entre deux jardins, soit entre deux cours, soit entre cours et jardins, les murs qui séparent deux fonds n'étant ni l'un ni l'autre en état de clôture.

Pour les haies, la présomption de mitoyenneté résulte de l'état de clôture des deux héritages. L'arbre qui pousse dans la partie mitoyenne est mitoyen ; chacun des co-propriétaires peut en exiger la destruction.

Les fossés situés sur l'extrême limite de deux héritages sont réputés mitoyens, quel que soit l'état de ces héritages. Le fossé ne sert pas seulement à la clôture, mais encore à l'écoulement des eaux, à l'amélioration des terres.

Un titre, une possession contraire, possession annale, croyons-nous, certains signes que l'on peut appeler signes négatifs de mitoyenneté, font tomber ces présomptions.

Font preuve de non-mitoyenneté :

Pour les murs, l'inclinaison déversant l'eau d'un seul côté ; — des corbaux ou pierres destinés à recevoir des constructions existant sur un seul des côtés.

Pour les haies, l'état de clôture d'un seul héritage.

Pour les fossés, la terre rejetée sur un seul côté ; de là cet adage : « Qui a douve, a fossé. »

CHAPITRE IV.

De la distance requise pour les plantations. Des formalités à observer pour certaines constructions ou travaux.

Un propriétaire ne peut planter à l'extrême limite de son héritage; il causerait à son voisin un préjudice trop considérable. La distance qu'il doit observer est déterminée par des règlements locaux; à défaut de règlements, elle est de deux mètres pour les arbres à haute tige, d'un demi-mètre pour les autres, sauf titre ou prescription contraire. Mais nous croyons que la prescription ne fait acquérir que le droit de conserver les arbres déjà plantés et non celui de les remplacer. Le propriétaire des arbres doit couper les branches qui avancent sur le voisin. Ce dernier a le droit de couper, sur son fonds, les racines. Les fruits, à quelque endroit qu'ils tombent, appartiennent au propriétaire de l'arbre.

La loi ne règle pas la distance requise pour l'établissement d'un fossé. On applique alors le principe de l'art. 1382.

L'intérêt général prescrit certaines mesures pour l'établissement des âtres, fours et fourneaux, et de choses dangereuses ou insalubres : la prescription n'est point admise alors; mais lorsque la loi n'a prescrit ces mesures que dans un but d'utilité privée, on peut invoquer la prescription.

CHAPITRE V.

Des vues.

Il faut distinguer : les vues à fenêtre non ouvrante ou à verre dormant, plus spécialement appelées jours ; les vues à fenêtre ouvrante, qui se subdivisent en vues droites et vues obliques. Les vues droites sont celles pratiquées dans un mur parallèle à l'héritage voisin ; les vues obliques sont placées dans un mur de côté.

Les jours ne sont soumis à aucune condition de distance ; mais la loi a pris certaines précautions contre l'indiscrétion du voisin, énumérées dans les articles 676 et 677.

Les vues ne peuvent être prises qu'à certaine distance de l'héritage voisin. L'art. 680 indique comment elle se mesure, elle varie suivant que la vue est droite ou oblique ; lorsqu'il y a balcon, la vue est réputée droite en tous sens.

Le droit d'avoir des vues à distance moindre peut s'acquérir par titre ou par prescription ; nous pensons alors que le fonds voisin est grevé d'une véritable servitude : celle de ne pas obstruer ces vues.

CHAPITRE VI.

Du passage forcé en cas d'enclave.

On entend par enclave la privation de tout accès sur la voie publique, résultant d'un cas fortuit, ou d'une force majeure ; si l'enclave provient du fait de l'homme, de vente ou de partage, le passage ne peut être pris que sur les portions d'héritage restées entre les mains du vendeur, ou qui constituaient l'héritage primitif.

Lorsqu'il y a enclave il reste à connaître le fonds qui doit livrer le passage et l'endroit déterminé. Ces deux questions sont résolues à l'amiable ou par les tribunaux, conformément aux dispositions de nos articles. L'indemnité est préalable. La créance d'indemnité est prescriptible ; et c'est une grave question de savoir quel est le point de départ de cette prescription.

DEUXIÈME PARTIE.

DE L'EXPROPRIATION POUR CAUSE DE L'UTILITÉ PUBLIQUE.

L'expropriation est l'aliénation à charge d'indemnité, d'un immeuble destiné à des entreprises d'utilité publique. — Les documents sur cette matière sont peu nombreux dans l'ancien droit; cependant une lettre patente de Charles VI, avril 1407, établit le principe d'expropriation nécessité par la défense du territoire. Elle s'opérait en vertu d'un arrêt du conseil du roi qui en réglait le mode et les conditions. Une juste indemnité était essentielle. — Pothier, dans le traité sur la vente, nous dit : Que si le propriétaire est contraint à abandonner son héritage. il n'y aura pas vente, mais que l'arrêté rendu contre lui en tiendra lieu, et que cette expropriation aura pour effet de détruire, en même temps que le droit de propriété, tous les autres droits qui reposent sur la chose ; les droits d'hypothèques seront reportés sur l'indemnité. En 1791, la Constituante proclama le principe de l'expropriation pour cause de *nécessité* publique moyennant une juste et préalable indemnité.

Le Code substitua, dans l'art. 545, l'*utilité* publique à la nécessité publique. Un acte du gouvernement suffisait pour la déclarer (C. d'État, 1ᵉʳ avril 1807). Les graves abus que favorisait cet état de choses frappèrent l'Empereur, il voulut donner plus de garanties à la propriété et provoqua la loi de 1810 qui introduisit l'élément judiciaire. L'article premier déclare que l'expropriation s'opère par autorité de justice. — L'autorité judiciaire est chargée de constater si les garanties données à la propriété ont été respectées. Il ne lui appartient pas de juger de l'utilité des travaux ; mais elle doit régler la question d'indemnité. Sous la royauté, le pouvoir législatif fut appelé à déclarer l'utilité publique toutes les fois que les travaux imposaient une charge financière à l'État. La loi du 30 mars 1831 régla ces matières en cas d'urgence; nous examinerons plus loin cette loi en détail. Une innovation importante fut apportée par la loi du 7 juillet 1833, qui créa un jury civil chargé de régler la question d'indemnité. Ce jury, composé de propriétaires choisis dans la localité, offre toutes les garanties désirables,

La *loi du* 3 *mai* 1841 reproduisit celle de 1833 dans son ensemble en y apportant quelques améliorations de détail. D'après ces deux lois, l'intervention législative est nécessaire, non-seulement lorsque les travaux grèvent les finances de l'Etat, mais encore toutes les fois qu'il s'agit d'un travail important d'utilité publique. Depuis le sénatus-consulte de 1852, art. 4, un décret suffit pour déclarer l'utilité publique toutes les fois que la fortune de l'Etat n'est point engagée.

PÉRIODE ADMINISTRATIVE.

Déclaration de l'utilité publique.

Une étude de projets, une enquête mentionnée dans le troisième paragraphe de notre loi éclairent l'administration; les formes à suivre sont celles prescrites par les ordonnances du 18 février 1834, des 15 février, 23 août 1835. Une loi ou une ordonnance royale, suivant l'importance des travaux, déclare l'utilité publique, détermine les propriétés auxquelles l'expropriation doit s'appliquer, ou bien un arrêté du préfet les désigne (1). Vient alors une seconde enquête plus importante et d'origine plus ancienne que la première, elle est mentionnée dans la loi de 1810.

La commission chargée de cette seconde enquête protectrice de la propriété privée se compose, à peine de nullité :

1° Du maire de la commune où sont situées les propriétés;

(1) Sénatus-Consulte des 25-30 décembre 1852.

2° De quatre membres des conseils généraux et d'arrondissement ;
3° De l'un des ingénieurs chargés de l'exécution des travaux.

La présence de cinq membres au moins est nécessaire.

Un plan levé par les ingénieurs doit être, au préalable, déposé à la mairie pendant huit jours, qui ne commencent à courir que de l'époque où un avertissement collectif a été donné aux propriétaires. Le maire certifie que ces publications ont été faites et recueille les plaintes. Alors la commission se réunit au chef-lieu d'arondissement, l'ingénieur lui est adjoint, avec voix délibérative ; le préfet nomme les membres suppléants. Cette commission est appelée à donner un simple avis ; les propriétaires des terrains désignés dans le plan parcellaire ne peuvent en faire partie; mais cette disposition ne s'étend pas à leurs proches.

Il y aura autant de commissions que de communes. D'après la loi de 1841, elle doit recevoir, pendant huit jours seulement, les observations écrites des propriétaires ; si elle émet un avis favorable, le préfet, dans un arrêté motivé, désignera les propriétaires qui devront être expropriés, et fixera l'époque où devra avoir lieu la prise de possession : si la commission pense qu'il y a lieu de modifier le tracé, le préfet surseoira, jusqu'à ce qu'il ait été décidé par l'autorité supérieure : recours contre ces décisions ne pourra être porté devant le conseil d'Etat. — Les règles d'expropriation sont applicables aux chemins vicinaux, sauf les modifications de la loi spéciale dont nous parlerons plus tard.

PÉRIODE JUDICIAIRE

Prononcé d'expropriation.

L'expropriation s'opère par autorité de justice. La propriété est transférée au moment même du jugement. Le tribunal a pour mission de constater si toutes les garanties données à la propriété ont été observées ; il est saisi par le préfet, quelquefois par la partie privée, lorsqu'une année s'est écoulée depuis l'arrêté préfectoral qui désigne les propriétés soumises à l'expropriation.

Le jugement opère la translation de la propriété même à l'égard des tiers. La transcription a pour but d'assurer la publicité qui existe dans ce cas.

Les créanciers privilégiés ou hypothécaires devront prendre inscription antérieurement ou dans les quinze jours qui suivront le jugement d'expropriation ; leurs droits seront alors reportés sur le prix ; s'ils négligent d'accomplir cette formalité, l'immeuble entrera franc et quitte de toutes charges.

Le jugement est notifié au propriétaire qui, dans la huitaine, est tenu de faire connaître à l'administration les fermiers, locataires, ceux qui ont des droits d'usufruit, d'habitation ou d'usage sur la chose expropriée, s'il ne veut seul être chargé de payer les les indemnités qu'ils peuvent réclamer.

Pour que les fermiers aient droit à une indemnité spéciale, il faut, croyons-nous, que les baux aient date certaine.

L'art. 17, alinéa 2, nous dit que le droit de *préférence* des femmes, enfants, mineurs et interdits survivra néanmoins tant que l'indemnité n'aura pas été payée, ou que l'ordre n'aura pas été réglé parmi les créanciers. Les créanciers inscrits ont bien perdu, à proprement parler, leur droit de suite sur l'immeuble, mais ils pourront exiger que l'indemnité ne soit pas fixée à l'amiable et demander l'intervention du jury.

PÉRIODE DES OPÉRATIONS DU JURY.

Règlement des indemnités.

Le jury ne sera convoqué que lorsque la partie aura rejeté les offres de l'administration. Les propriétaires doivent les accepter dans le délai de quinzaine. La conséquence de ce silence est qu'il y aura lieu à faire fixer l'indemnité par le jury. Innovation de la loi de 1841.

Les femmes mariées sous le régime dotal, assistées de leurs maris, les envoyés en possession provisoire, les tuteurs et autres représentants d'incapables peuvent accepter les offres de l'administration. Le délai d'acceptation est d'un mois.

Le ministre des finances, le préfet, les maires et les administrateurs peuvent consentir aux offres faites par suite de l'expropriation des biens des départements, communes ou établissements publics.

La mission du jury consiste à déterminer la somme d'argent qui doit être payée, et les propriétaires qui y ont droit. Comme il est convoqué pour un temps déterminé, s'il se présente des questions de droit, il résoudra néanmoins la question d'indemnité hypothétiquement.

Le conseil général, dans la session annuelle, forme la liste du jury. Elle se compose de 36 membres au moins, 72 au plus. Le nombre des jurés est de 16 pour chaque session, 4 jurés supplémentaires sont adjoints ; la cour impériale, et à son défaut, le tribunal les choisit. Le magistrat chargé de diriger les opérations du jury prononce l'amende contre le juré qui refuse de prendre part à la délibération ; le sous-préfet, après s'être concerté avec lui, convoque les jurés et les parties au moins huit jours à l'avance, et fait connaître à ces dernières les noms des jurés. L'administration et la partie ont chacune le droit de récuser deux membres. Le jury n'est obligé d'accorder qu'une seule somme à chaque demande d'indemnité, et cependant il serait important de la fractionner lorsque le bien appartenant au même propriétaire est grevé de droits distincts.

L'allocation ne peut être inférieure à l'offre du jury ni supérieure à la demande des propriétaires : innovation de la loi de 1841. Il s'agit ici des offres et demandes présentées au jury.

La décision du jury devra être rendue publique. C'est une conquence des principes généraux. Le magistrat dirigeant les opérations doit : déclarer exécutoire la décision signée par les membres du jury qui l'ont rendue; statuer sur les dépens qui retombent sur la partie qui, par sa faute, les a rendus nécessaires, suivant les principes de l'art. 41; envoyer l'administration en possession provisoire.

L'art. 42 relate les omissions qui peuvent donner ouverture ou recours en cassation.

La valeur réelle et actuelle du terrain doit être déterminée avant le commencement des travaux; mais la loi de 1841, art. 51, a voulu enlever au jury la possibilité de refuser toute indemnité, sans l'empêcher, néanmoins, de prendre en considération la plus-value apportée par les travaux au restant de la propriété, ainsi que la valeur des plantations et des constructions existantes.

La loi de 1841 accorde aux propriétaires le droit de rétention de la possession jusqu'au paiement, qui doit avoir lieu dans les six mois, à partir de la fixation de l'indemnité.

Le titre VII est divisé en deux chapitres : le premier, relatif aux travaux civils urgents; le second, aux travaux militaires.

Ce sont autant de dispositions spéciales dérogeant aux règles générales.

Le chapitre Ier est l'œuvre de la loi de 1841. La déclaration d'urgence ne peut s'appliquer qu'à des propriétés non bâties; elle doit être faite par un acte du gouvernement; il n'y a pas besoin d'expertise; le tribunal tout entier est compétent pour fixer l'indemnité provisionnelle. Cette indemnité consiste en la consignation d'une somme égale à la valeur du terrain exproprié, en y ajoutant les intérêts à cinq pour cent pendant deux ans.

Il suffit, pour que la dépossession ait lieu, que la consignation soit faite.

La fixation de l'indemnité définitive est soumise aux règles ordinaires.

Loi du 30 *mars* 1831. — Les dispositions relatives aux travaux militaires et maritimes se trouvent dans cette loi. Il peut alors n'y avoir qu'un décret déclaratif d'utilité publique qui détermine les terrains à exproprier ; l'urgence s'applique aux terrains bâtis et non bâtis; la somme consignée devient l'indemnité donnée au propriétaire, et il peut la toucher après que les délais nécessaires à la purge des hypothèques sont écoulés.

Dans le cas d'expropriation pour cause d'utilité militaire, sans qu'il y ait urgence, la loi de 1841 est applicable, sauf les titres I et II, qui ne sont point applicables aux travaux militaires et de la marine royale.

La *loi du* 21 *mai* 1836 sur les chemins vicinaux, art. 15 à 19, indique les règles spéciales applicables à l'expropriation pour cause d'ouverture ou de redressement des chemins vicinaux. Les arrêtés du préfet, portant reconnaissance ou fixation d'un chemin vicinal, attribuent définitivement au chemin le sol compris dans les limites qu'ils déterminent.

Le droit des propriétaires dépossédés se résout en une indemnité, qui, faute de s'entendre à l'amiable, sera réglée par le juge de paix sur rapport d'experts.

L'ouverture et le redressement des chemins vicinaux exigent de plus nombreuses formalités. Le préfet autorise les travaux par arrêté. S'il y a lieu de recourir à l'expropriation, le jury ne sera composé que de quatre membres.

Le tribunal les choisira sur la liste générale et désignera un de ces membres ou le juge de paix du canton pour présider et diriger le jury.

L'action en indemnité de la part des propriétaires se prescrit par deux ans.

En cas de changement de direction ou d'abandon d'un chemin vicinal, les propriétaires riverains pourront faire leur soumission de s'en rendre acquéreurs.

La valeur sera fixée par experts.

POSITIONS.

I. Les travaux dont il est parlé en l'art. **682** peuvent être exécutés sur le fonds du propriétaire de la source ou sur tout autre fonds.

II. Le lit des cours d'eau non navigables ni flottables appartient aux riverains.

III. Dans les villes ou faubourgs, aucun des voisins ne peut se soustraire à l'obligation de clôture forcée, en abandonnant partie de son héritage.

IV. Il y a contradiction entre les art. 657, 658 et l'art. 662.

V. Celui qui prescrit le droit d'avoir des arbres à moindre distance ne peut les remplacer.

VI. Le jugement d'expropriation opère, même à l'égard des tiers, translation immédiate de la propriété du domaine privé dans le domaine de l'Etat.

VII. Pour que les fermiers aient droit à une indemnité spéciale, faut-il que les baux aient date certaine ?

Vu par le président de la thèse :
    ROYER-COLLARD.

Vu par le doyen :
    C.-A. PELLAT.

www.ingramcontent.com/pod-product-compliance
Lightning Source LLC
Chambersburg PA
CBHW060558050426
42451CB00011B/1966